BEI GRIN MACHT SICH IH WISSEN BEZAHLT

- Wir veröffentlichen Ihre Hausarbeit, Bachelor- und Masterarbeit

- Ihr eigenes eBook und Buch - weltweit in allen wichtigen Shops

- Verdienen Sie an jedem Verkauf

Jetzt bei www.GRIN.com hochladen und kostenlos publizieren

Katharina Jakob

Autobiographisches und kollektives Gedächtnis in Uwe Timms „Am Beispiel meines Bruders"

GRIN Verlag

Bibliografische Information der Deutschen Nationalbibliothek:

Die Deutsche Bibliothek verzeichnet diese Publikation in der Deutschen National-bibliografie; detaillierte bibliografische Daten sind im Internet über http://dnb.d-nb.de/ abrufbar.

Impressum:

Copyright © 2011 GRIN Verlag GmbH
Druck und Bindung: Books on Demand GmbH, Norderstedt Germany
ISBN: 978-3-656-50403-0

Dieses Buch bei GRIN:

http://www.grin.com/de/e-book/233611/autobiographisches-und-kollektives-gedaechtnis-in-uwe-timms-am-beispiel

Universität Hamburg

Fachbereich Sozialwissenschaften

Institut für Soziologie

Sommersemester 2011

Seminar: „Die DDR im Rücken" – Erinnern in Zeiten gesellschaftlicher Umbrüche

Eine Untersuchung des autobiographischen und kollektiven Gedächtnisses in Uwe Timms „Am Beispiel meines Bruders"

Hausarbeit

Vorgelegt von Katharina Jakob

Abgabetermin: 27. Mai 2011

Inhaltsverzeichnis

1. Einleitung..3

2. Definitionsansätze: Autobiographisches und Kollektives Gedächtnis............4

    2.1   Kollektives und Individuelles Gedächtnis nach Maurice Halbwachs . 4

    2.2   Das autobiographische Gedächtnis...5

3. Medien und Gedächtnis..6

4. Der Autor Uwe Timm in Auseinandersetzung mit Erinnerung und Familie .. 7

5. Die Untersuchung des Erinnerungsprozesses und der Erinnerungsart in

    „Am Beispiel meines Bruders"...8

    5.1   Inhalt und Aufbau..8

    5.2   Der Zusammenhang zwischen autobiographischem und kollektivem

            Gedächtnis 9

    5.3   Die Erinnerung im Wandel...11

6. Fazit..13

Quellen- und Literaturverzeichnis...14

1.   Einleitung

Erinnerungen prägen das menschliche individuelle Leben. Sie sind jedoch nicht nur dem Individuum eigen und gänzlich persönlich, sondern werden von der Gesellschaft mitkonstruiert und beeinflusst. Wie genau jedoch funktioniert dieses Wechselspiel zwischen persönlichen und gesellschaftlichen Erinnerungen? Inwieweit sind unter diesen Umständen Erinnerungen veränder- und wandelbar?

Dies sind nur einige Fragen, mit denen ich mich im Zuge dieser Hausarbeit, die im Verlaufe des Seminars „ ‚Die DDR im Rücken' – Erinnern in Zeiten gesellschaftlicher Umbrüche" bei Frau Hanna Haag im Sommersemester 2011 entstand, auseinandersetze. Das größte Augenmerk wird in dieser Arbeit auf die Untersuchung des Zusammenhanges von autobiographischem und kollektivem Gedächtnis gelegt, sowie der Frage, wie veränder- und wandelbar Erinnerungen sind. Anhand Uwe Timms autobiographischem Roman „Am Beispiel meines Bruders", in dem er sich auf die Suche nach der Wahrheit über seinen im 2. Weltkrieg gefallenen Bruder macht, soll dies untersucht werden.

Hinsichtlich der zu spezifizierenden Aspekte werden zunächst die Begriffe des autobiographischen sowie des kollektiven Gedächtnisses aus der soziologischen Perspektive heraus erläutert. Daraufhin wird auf die Bedeutung der Medien für das Erinnern übergeleitet, um anschließend die Hintergründe und Motive des Autors für das Schreiben dieses Buches aufzuführen und dessen Intentionen deutlich zu machen.

Darauf folgend wird der Inhalt sowie der spezifische Aufbau des Werkes explizit vorgestellt und untersucht. Einerseits, inwieweit die Theorie des Zusammenhangs von autobiographischem und kollektivem Gedächtnis anhand dieser Lektüre in die Realität umsetzbar ist und andererseits welche Auswirkung diese Verknüpfung letztlich auf die Wandelbarkeit von Erinnerungen haben könnten.

Um die Untersuchung abzurunden erfolgt abschließend ein Fazit, in dem die gemachten Beobachtungen nochmals zusammengefasst werden.

2.   Definitionsansätze: Autobiographisches und Kollektives Gedächtnis

In diesem Abschnitt gilt es zunächst, eine theoretische Grundlage für die weitere Untersuchung zu schaffen. Diese besteht hauptsächlich aus der Definition des Soziologen Maurice Halbwachs, der die Thematik Gedächtnis und Erinnerung aus soziologischer Perspektive maßgeblich prägte. Im Mittelpunkt steht dabei die Definition von kollektivem und individuellem Gedächtnis, die als Ausgangspunkt für die weitere Untersuchung hinsichtlich des autobiographischen Gedächtnisses dient.

2.1   Kollektives und Individuelles Gedächtnis nach Maurice Halbwachs

Unter dem Begriff der Erinnerung versteht man in der Alltagssprache die Begebenheit, etwas früher Erlebtes oder Erfahrenes, also etwas in der Vergangenheit stattgefundenes, mental wieder zu erleben. „Aufbewahrt werden diese Erinnerungen im Gedächtnis" (Gudehus/ Eichenberg/ Welzer [Hrsg.] 2010: 75), das sich nach der Theorie des französischen Soziologen Maurice Halbwachs (1877 – 1945) in das individuelle und das kollektive Gedächtnis unterteilt.

Ging man bei Erinnerungen allgemeinhin hauptsächlich von etwas subjektiv, persönlichem aus, da es sich um etwas selbsterlebtes handelt und Erinnerungen somit dem Individuum eigen waren, also dem individuellen Gedächtnis zuzuordnen ist, ist Halbwachs hingegen der Auffassung, dass das vom Individuum erlebte, „selbst dann, wenn es sich um Ereignisse handelt, die allein wir durchlebt […] haben" nicht vom Kollektiv losgelöst betrachtet werden kann, beziehungsweise dass „Erinnerungen kollektiv bleiben. Das bedeutet, dass wir in Wirklichkeit niemals allein sind." (Halbwachs 1967: 2). Somit begründet sich Halbwachs' Theorie des kollektiven Gedächtnisses aus einer entstehenden Wechselwirkung zwischen dem Individuum und der Gruppe. Durch diese Wechselwirkung konstituiert sich das kollektive Gedächtnis. Signifikant ist, dass das individuelle Gedächtnis „nicht vollkommen isoliert und in sich abgeschlossen" ist, sondern dass „ein Mensch oft Erinnerungen anderer zu Rate ziehen (muss), um seine eigene Vergangenheit wachzurufen." (Halbwachs 1967: 35).

2.2 Das autobiographische Gedächtnis

Die im vorherigen Abschnitt erläuterten Begriffe des individuellen und kollektiven Gedächtnisses nach Maurice Halbwachs bilden den Ausgangspunkt für ein großes Geflecht an Gedächtnisformen, dessen Darstellung jedoch in seiner Komplexität und Vollständigkeit den Rahmen dieser Hausarbeit überschreiten würde.

Aus diesem Grund wird für die vorliegende Untersuchung das autobiographische Gedächtnis in den Mittelpunkt gerückt, da es als die „komplexeste und am höchsten entwickelte Form des Gedächtnisses betrachtet" wird (Welzer 2002: 169) und zudem für das gewählte Untersuchungsthema neben dem kollektiven Gedächtnis die größte Relevanz einnimmt.

Der Begriff des autobiographischen Gedächtnisses wurde bereits von Halbwachs verwendet. Auf der Grundlage seiner Überlegung hinsichtlich des individuellen und kollektiven Gedächtnisses schrieb er:

> „Es bestünde also die Veranlassung, tatsächlich zweierlei Gedächtnisse zu unterscheiden, deren eines man [...] innerlich oder intern und deren anderes man äußerlich nennen würde, oder auch persönliches Gedächtnis und soziales Gedächtnis. Noch genauer würden wir sagen: autobiographisches und historisches Gedächtnis." (Halbwachs 1967: 36)

Das Autobiographische nimmt das historische Gedächtnis zur Hilfe, „da schließlich die Geschichte unseres Lebens zur Geschichte allgemein gehört." (Halbwachs 1967: 36). Wesentlich ist, wie das Wort „autobiographisch" erkennen lässt, dass die „hervorstechenden Merkmale des autobiographischen Gedächtnisses [...] demgemäß seine Selbstbezogenheit [...] und seine emotionale Indexierung (sind); selbstbezogene Gedächtnisinhalte sind nicht neutral, sondern immer emotional konnotiert." (Welzer 2002: 169). Harald Welzer stellt fest, dass „diese beiden zentralen Merkmale autobiographischen Erinnerns – Reflexivität und Emotionalität [...] anderen Formen von Erinnerung nicht eigen" sind (Welzer 2002: 169) und darüber hinaus nur menschliche Lebewesen über ein autobiographisches Gedächtnis, „und damit über ein autobiographisches Ich, das Subjekt ebendieses Gedächtnisses" verfügten (Welzer 2002: 169).

3.   Medien und Gedächtnis

Im weiteren Verlauf dieser Hausarbeit gilt es, von der Theorie auf ein konkretes Beispiel überzuleiten, um somit die nachfolgende Untersuchung durchführen zu können. Daher wird in diesem Abschnitt darauf eingegangen, welche Bedeutung und Funktion die Medien für die vorgestellten Gedächtnisformen einnehmen.

Medien stellen für die „individuelle und die soziokulturelle Dimension des kollektiven Gedächtnisses […] die Schaltstelle zwischen beiden Bereichen dar" (Erll 2005: 123), da das Individuum „ohne Medien nicht an kulturell-gesellschaftlichen Erfahrungen und Wissensordnungen teilhaben kann." (Gudehus/Eichenberg/Welzer [Hrsg.] 2010: 127).

Medien verknüpfen die unter Abschnitt 2 vorgestellten Theorien von individuellem und kollektivem, sowie autobiographischem Gedächtnis. Astrid Erll betont dabei die Tatsache, dass „persönliche Erinnerungen erst durch mediale Repräsentation und Distribution zu kollektiver Relevanz gelangen." (Erll 2005: 123). Hierbei nehmen Zeit- und Augenzeugen eine konkrete Rolle ein, da nur durch die Veröffentlichung derer Briefe und Aufzeichnungen, sowie Interviews mit ihnen, ihre Erfahrungen „zu einem Element des kollektiven Gedächtnisses" gemacht werden können (Erll 2005: 123). Dabei wird deutlich, dass Medien „keine neutralen Träger" sind und sie „Wirklichkeits- und Vergangenheitsversionen […]" oftmals erst selbst erzeugen (Erll 2005: 124).

Es geht dabei nicht um die Frage, ob diese Darstellung der Vergangenheit „falsch oder unwirklich" sei, sondern spiegelt als „mediales Konstrukt" vielmehr die Problematik des Autobiographischen in Kombination mit dem kollektiven Gedächtnis wider, dass es generell zu Veränderungen der Erinnerungen und des Gedächtnisses kommen kann.

Diese Tatsachen lassen sich anhand des Romans „Am Beispiel meines Bruders" von Uwe Timm verdeutlichen und kenntlich machen.

Aus diesem Grund sollen im folgenden Abschnitt die Hintergründe und Intentionen des Autors verdeutlicht und die Bedeutung des Mediums Buch näher beleuchtet werden.

4. Der Autor Uwe Timm in Auseinandersetzung mit Erinnerung und Familie

Uwe Timm, der am 30. März 1940 – ein halbes Jahr nach Ausbruch des 2. Weltkrieges – in Hamburg geborene Schriftsteller, thematisiert in seinem Werk „Am Beispiel meines Bruders" die eigene Familiengeschichte. Das eigene Leben und die darin gemachten Erfahrungen prägten seit jeher sein Schreiben, insbesondere sein Teilhaben an der 68er Generation, die in „Heißer Sommer" (1974) Niederschlag fand, ebenso wie Kindheitserinnerungen, die in „Die Entdeckung der Currywurst" (1993) mit einflossen (Vgl. www.uwe-timm.com).

Uwe Timm ist „dem Besonderen im Alltäglichen auf der Spur" (Vgl. www.uwe-timm.com) und zeigt dies auch in „Am Beispiel meines Bruders". Er arbeitet die Vergangenheit seiner eigenen „normalen" Familie auf, um sein eigenes Leben und das Leben seiner Eltern und Geschwister zu hinterfragen (Vgl. Bartels 2003).

Der Autor vereint in der Lektüre seine autobiographischen Erinnerungen, sowie die Erinnerungen an die Erinnerungen seiner Eltern, als auch die Feldpostbriefe und Tagebucheinträge des im Krieg gefallenen Bruders zu einem non-fiktionalen Erinnerungsbild. Eingebettet in Sprache und Schrift – Literatur – ist dieser Prozess genau das, was Erinnern ausmacht: Eine Schnittstelle zwischen autobiographischer und sozialer Dimension und somit zwischen autobiographischem und kollektivem Gedächtnis.

5. Die Untersuchung des Erinnerungsprozesses und der Erinnerungsart in „Am Beispiel meines Bruders"

Nachdem bereits einige Informationen zu den verschiedenen Gedächtnisformen und, tiefer auf das Thema eingehend, die Hintergründe des Autors Uwe Timm beleuchtet worden sind, wird des Weiteren der Inhalt des Werkes „Am Beispiel meines Bruders", sowie sein spezifischer Aufbau zusammenfassend vorgestellt. Anschließend wird versucht, den Zusammenhang von autobiographischem und kollektivem Gedächtnis anhand des Buches zu verdeutlichen. Im letzten Teil der Untersuchung wird darauf eingegangen, inwieweit Erinnerungen unter bestimmten Umständen sich wandeln und wandelbar sind.

5.1 Inhalt und Aufbau

1943 starb Karl-Heinz Timm während seines Einsatzes bei der Waffen-SS in der Ukraine an den Folgen eines feindlichen Angriffes. Er war der älteste Sohn der Familie Timm und der sechszehn Jahre ältere Bruder Uwe Timms, dessen Kindheit geprägt war von den Andeutungen der Eltern und der ständigen Omnipräsenz des toten Bruders innerhalb der Familie.

Die Eltern sprachen über den toten Bruder stets positiv, über den tapferen und mutigen Karl-Heinz. Die Tagebucheinträge des Bruders ließen jedoch Fragen offen, die Uwe Timm lange beschäftigten, denen er sich aber erst nach dem Tod der Eltern und der Schwester voll und ganz zuwenden konnte, ohne die Gefühle seiner Familienangehörigen zu verletzen.

Die Frage, ob der Bruder ein Mörder war oder aber nur den Befehlen gehorchte, zieht sich als Leitmotiv durch das Werk und bildet zugleich die Quintessenz des Erinnerungsprozesses Uwe Timms. Auf der Suche nach Antworten bedient sich der Autor aller möglichen Erinnerungsformen: Den eigenen, denen an die Erinnerungen seiner Eltern, Berichte und Reden von Politikern der damaligen Zeit und nicht zuletzt den Feldpostbriefen und Tagebucheinträgen des Bruders.

Die Wechselwirkung zwischen autobiographischem und kollektivem Gedächtnis ist unbeständig und dennoch Voraussetzung für den Erinnerungsprozess. Ebenso wie die Tatsache, dass der Autor das Autobiographische vermeiden wollte, jedoch merkte, dass dies nicht funktioniere, und auch, dass man sich nicht chronologisch erinnern könne. Es geht in seinem Werk nicht nur um den Bruder, sondern um seine Familie insgesamt, den Vater, die Mutter und die Schwester. Er hinterfragt seine Erziehung, sowie die Hintergründe seiner Familie im Allgemeinen.

> „Ich wollte das Autobiografische ganz vermeiden, und dann habe ich gemerkt, dass das nicht geht. [...] Aber von Anfang an war mir klar, dass ich nicht der Chronologie folgen konnte. Man erinnert sich ja nicht linear. Es sollte eine Fuge werden, eine Art Todesfuge, denn das Buch handelt ja von vier Todesfällen. Im Grunde ist es eine Geschichte zerstörter Biografien." (Greiner 2010)

Seine Gedanken sind sprunghaft und wandern zwischen den Erinnerungen an die Eltern und die Schwester zu den Gedanken an den Bruder und dessen Briefe und Tagebucheinträge. Deutlich werden die Gedankensprünge durch die Veränderung der Tempora – zwischen Präsens und Präteritum – und eingeschobene Zwischensätzen wie „Der Bruder und ich" oder „Juden war das Betreten des Luftschutzraums verboten", die nicht zwangsläufig mit den vorherigen oder nachfolgenden Themen verknüpft sind (vgl. Timm 2005: 18/ 38). Vielmehr lösen diese Sequenzen weitere Erinnerungen aus und entfalten somit den weiteren nicht linearen Erinnerungsprozess, der ein immer größeres Netz im Kopf des Autors entspinnt und seinen Weg in das kollektive Gedächtnis des Lesers findet.

5.2 Der Zusammenhang zwischen autobiographischem und kollektivem Gedächtnis

Die Gedächtnisformen in Uwe Timms Roman lassen sich in drei aufeinander aufbauende Ebenen unterteilen. Eine jede Ebene stellt eine Verknüpfung von autobiographischem und kollektivem Gedächtnis dar, während gewissermaßen eine Verschiebung ausgehend von der Mikroebene auf die Makroebene der Gesellschaft erfolgt.

Auf der ersten Ebene befinden sich die Tagebucheintragungen des Bruders während seines Kampfeinsatzes in der Ukraine. Diese Eintragungen bilden einen Teil des autobiographischen Gedächtnisses Karl-Heinz Timms ab, das womöglich nicht für dritte

Augen bestimmt war. „75m raucht Iwan Zigaretten, ein Fressen für mein MG" (Timm 2005: 33).

Tatsächlich wurde es in dem Moment zum Teil des kollektiven Gedächtnisses, als der Bruder und die restlichen Familiengehörigen der Familie Timm diese Aufzeichnungen lasen und sie zum Teil ihrer eigenen Erinnerung machten. Der Autor hinterfragte diese Zeilen, weil aus ihnen nur vom Krieg und vom Töten die Rede war. Der Bruder reduzierte sich in diesen Aufzeichnungen stets auf das Wort „Tapferkeit" (Vgl. Timm 2005: 28).

Eine daraus sich ergebende zweite Ebene, im Übergang von der Mikro- auf die Makroebene, entsteht durch die Erinnerungen der Eltern an den Bruder. Geprägt ist diese Erinnerung durch den Bruder selber, der bis zu seinem Kriegseinsatz bei den Eltern aufwuchs und dort lebte. Er wurde nach ihrem Ideal geformt und war der stets – wie bereits erwähnt – tapfere, gehorchende, anständige Junge (Vgl. Timm 2005: 18). Die Feldpostbriefe, die er auch noch kurz vor seinem Tode den Eltern schickte, bestätigen nur das Bild – des Vorbildes – das die Eltern immer von ihm hatten. Es wurde nichts hinterfragt, was seinen Ruf hätte schädigen können. Auf dieser zweiten Ebene vermischen sich somit die autobiographischen Gedanken der Eltern zugleich zu einem Teil des kollektiven Gedächtnisses, da sie als Ehepaar so etwas wie ein kollektives Familiengedächtnis besaßen (Vgl. Timm 2005: 60). Ein kollektives Gedächtnis fängt an zu bestehen, wenn es mit einer anderen Person geteilt wird und nicht nur noch Teil eines Individuellen Gedächtnisses ist. Im Fall der Eltern Timm ist dieser Übergang demnach fließend.

Diese Zwischenebene führt letzlich auf die Äußerste: Der gesellschaftlichen Makroebene. Uwe Timm bildet, trotz seines Daseins als Individuum, das Schlussglied eines kompletten Übergangs von einer autobiographischen zu einer kollektiven Gegebenheit. Durch sein Niederschreiben seiner Gedanken und Erinnerungen – seines Erinnerungsprozesses – und des Veröffentlichen und Publizieren seines Werkes, macht er sein autobiographisches Gedächtnis, das durch viele autobiographische und kollektive Erinnerungen geformt und geprägt wurde, zum Teil des kollektiven Gedächtnisses der Gesellschaft. Dies geschieht in dem Moment, in dem der fremde Leser, der das Buch „Am Beispiel meines Bruders" anfängt zu lesen, die Erfahrungen und Gedanken der ihm fremden Familie Timm aufnimmt und diese in seinem eigenen Gedächtnis und seinen Vorstellungen anfängt, einzusortieren und zu verarbeiten.

5.3   Die Erinnerung im Wandel

Im vorherigen Abschnitt wurden das autobiographische und das kollektive Gedächtnis anhand des Romans von Uwe Timm aufgezeigt. Es wurde vor allem deutlich, dass eine Trennung, wie bereits vorher erläutert, nicht möglich ist, sondern sich die Erinnerung letztlich durch die Verknüpfung beider Formen herstellt.

Als letzter Punkt soll untersucht werden, inwieweit diese durch autobiographisches und kollektives Gedächtnis konstruierten Erinnerungen wandelbar oder veränderbar sind, insbesondere in Zeiten großer gesellschaftlicher und politischer Umbrüche, wie es nach dem 2. Weltkrieg der Fall war.

Uwe Timm erinnert die Meinungen der Eltern über den großen Bruder als der stets tapfere und anständige Sohn. Insbesondere den Vater traf der Verlust des Sohnes schwer: „Der Karl-Heinz, der große Junge, warum ausgerechnet der? Und dann schwieg er, und man sah ihm das an, den Verlust und die Überlegung, wen er wohl lieber an dessen Stelle vermisst hätte." (Timm 2005: 18).

Karl-Heinz Timm verkörperte die Ideale, die sich der Vater vorstellte. „Der Bruder, das war der Junge, der nicht log, der immer aufrecht war, der nicht weinte, der tapfer war, der gehorchte. Das Vorbild." (Timm 2005: 18).

Um den Wandel innerhalb der Familie Timms zu begreifen, muss zunächst der Wandel auf der Makroebene der Gesellschaft angeschnitten werden, wie der Autor sie selber beschreibt. Dort zeigt er den sich vollziehenden Wandel des Gedächtnisses auf; das Verdrängen des Geschehenen während des Nationalsozialismus, wie es zuhauf publiziert wurde. Der Großteil der deutschen Gesellschaft folgte der Nationalsozialistischen Propaganda und später wurde vorgegeben, man habe von den Geschehnissen nichts gewusst. Insbesondere die Autoritäten, „die Großen" des Regimes waren „von einem Tag auf den anderen klein geworden. Männer, die eben noch zackig gegrüßt wurden, mit donnernden Kommandostimmen auftraten, flüsterten plötzlich, sagten, sie hätten das nicht gewollt, sagten, da war wieder Verrat im Spiel." (Timm 2005: 66).

Passend zu den Idealen und Vorstellungen des Vaters und übergeordnet der damaligen Zeit meldete sich der älteste Sohn im Alter von 18 Jahren freiwillig zur Waffen-SS. Auf die Frage, weshalb er dies tat, sagte die Mutter: „Aus Idealismus. Er wollte nicht zurückstehen. Sich nicht drücken." (Timm 2005: 19). Hierbei wird deutlich, dass die Eltern zu dem Zeitpunkt des Eintretens des Sohnes in die Waffen-SS sehr stolz auf den Idealismus und den tapferen, mutigen Sohn waren. Später, nach dem Tod Karl-Heinz und dem Ende des Krieges sprechen die Eltern von „den Verbrechern. Der Mistbande. Der Idealismus des Jungen missbraucht." (Timm 2005: 19). „Ich war dagegen, dass sich der Karl-Heinz zur SS meldet." (Timm 2005: 20) sagte die Mutter später und lässt somit eine Veränderung ihrer Erinnerung erkennen.

Diese Begebenheiten zeigen auf, dass der Wunsch Vater des Gedankens beziehungsweise der Erinnerung war. Umbrüche führen dazu, Ereignisse zu verdrängen oder sie zu beschönigen. Sie selber, die Mutter, war nicht an Politik interessiert, wählte aber nach Kriegsende nur noch linke Parteien (Vgl. Timm 2005: 45).

Ein drittes Beispiel zeigt eine Veränderung auf, die nichts mit politischen Umbrüchen zu tun hat. Es ist die Veränderung der Erinnerung der Schwester, Hanne Lore.

Der Vater erkannte sie nie an; „unser Vater hat mich immer abgelehnt, Im Gegensatz zu Karl-Heinz." (Timm 2005: 48). Er wollte keine Tochter und sie erfuhr keine Liebe von ihm. Später, als sie selber alt und krank war und im Krankenhaus eine unangenehme Operation erleiden musste, gab sie an, der Vater hätte die Operation verhindert:

> „Unser Vater war immer so fürsorglich, sagte sie, der Vater hätte diese böse Operation verhindert. Aber es musste sein, sagte ich.
> Er hätte es nicht zugelassen. Er hat sich immer um mich gekümmert, sagte sie.
> Sie wollte es so sehen, und ich sagte, ja und vielleicht."
>
> (Timm 2005: 54)

Dieses Wunschdenken findet im Vergleich zu dem vorherigen Beispiel nicht auf einer kollektiven Grundlage statt, wie es im Falle der Frage nach dem Idealismus des Bruders war, sondern auf einer rein emotionalen, subjektiven Ebene, die auf dem Wechsel des autobiographischen Gedächtnisses beruht.

Das Ziel dieser Untersuchung war zu verdeutlichen, dass Erinnerungen letztlich immer konstruiert sind. Egal, ob autobiographisch, kollektiv oder medial miteinander verknüpft; Erinnerungen unterliegen der subjektiven und sozialen Einstellung. Nicht Passendes wird verdrängt, besser Passendes wird vergrößert und überspitzt. Letztlich will ein jeder gut dastehen und der Brutalität der Wahrheit aus dem Weg gehen, wie es bei der Eltern und der Schwester der Fall war.

Hervorzuheben ist dabei, dass selbst diese Erinnerungswandel dem Gedächtnis eines Individuums, nämlich Uwe Timm, entspringen. Auch wenn er selber sagt, er habe versucht seine Eltern „nicht zu fiktionalisieren", um „Wunschvorstellungen, die einem beim Schreiben leicht reinlaufen" zu vermeiden (Bartels 2003), ist auch seine Erinnerung letzten Endes ein Konstrukt von emotionalen und selbstbezogenen Fakten.

6. Fazit

Anhand dieser Untersuchung und mithilfe der Lektüre „Am Beispiel meines Bruders" von Uwe Timm sollte ermittelt werden, wie Erinnerungen durch den Zusammenhang von autobiographischem und kollektivem Gedächtnis konstruiert werden und unter welchen Umständen Erinnerungen sich wandeln und verändern.

Fakt ist, dass im Grunde jeder Mensch davon ausgeht, seine persönlichen Erinnerungen seien nur ihm eigen und sozusagen ein Alleinstellungsmerkmal. Maurice Halbwachs zeigte jedoch schon Anfang des 20. Jahrhundert mit seiner Theorie über das individuelle und kollektive Gedächtnis auf, dass dies so nicht stimmt. Die Gesellschaft oder auch das Kollektiv konstruiert unsere Erinnerungen maßgeblich mit; es entsteht eine Wechselwirkung zwischen beiden Gedächtnisformen. Ergänzt wird das Ganze durch die Medien, die wiederum Wirklichkeit konstruieren und erzeugen, und somit niemals neutral sein können.

Diese Theorie wurde anhand der Lektüre konkretisiert. Uwe Timm zeigt mit seinem Werk auf, dass die Theorie Halbwachs' in der Realität besteht und autobiographisches und kollektives Gedächtnis schlichtweg nicht voneinander losgelöst betrachtet werden können.

Dieser Zusammenhang führte zum zweiten Punkt der Untersuchung: Die Frage, inwieweit Erinnerungen veränderbar oder auch wandelbar sind. Zunächst fiel dabei auf, dass es auch hier eine kollektive und eine individuelle Ebene gibt. In Zeiten gesellschaftlicher Umbrüche, wie es nach dem 2. Weltkrieg der Fall war, veränderten sich die Ansichten beziehungsweise die geäußerten Meinungen rapide; vor der schrecklichen Wahrheit wurden die Augen verschlossen. Genauso verhielt es sich auf der emotionalen individuellen Ebene, zum Beispiel mit schlechter Kindheitserinnerung, die später als glücklich erinnert werden. Erinnerungen sind ein Konstrukt, dem man, wie man will, Fakten hinzufügen oder diese weglassen kann. Wirklichkeit wird vom Individuum und der Gesellschaft konstruiert. Gerade deshalb muss man das tun, was Uwe Timm mit seiner eigenen Familiengeschichte getan hat:

Sie hinterfragen.

Quellen- und Literaturverzeichnis

Bartels, Gerrit (2003): „Ich wollte das in aller Härte". In: http://www.taz.de/1/archiv/archiv/?dig=2003/09/13/a0245 (Zugriff am 18. Mai 2011)

Erll, Astrid (2005): Kollektives Gedächtnis und Erinnerungskulturen. Eine Einführung, Stuttgart, Kapitel V (Medien und Gedächtnis).

Greiner, Ulrich (2010): Warum Uwe Timm »Schwaan« mit zwei a schrieb. In: http://www.zeit.de/2010/13/Portraet-Uwe-Timm (Zugriff am 18. Mai 2011)

Gudehus, Christian/ Eichenberg, Ariane/ Welzer, Harald (Hrsg.) (2010): Gedächtnis und Erinnerung. Ein interdisziplinäres Handbuch, Stuttgart.

Halbwachs, Maurice (1967): Das kollektive Gedächtnis. Stuttgart.

Timm, Uwe (2005): Am Beispiel meines Bruders. München, 2. Auflage.

Welzer, Harald (2002): Was ist das autobiographische Gedächtnis und wie entsteht es? In: BIOS, 15, Heft 2.

http://www.uwe-timm.com/ (Zugriff am 18. Mai 2011)

Lightning Source UK Ltd.
Milton Keynes UK
UKHW051257200921
390891UK00012B/574